PIANO • CANTO • GUITARRA

PIANO • VOCAL • GUITAR

BEST OF JUANES

Cover photo ©Pav Modelski / Retna UK /Retna

ISBN 978-1-4234-5951-4

HAL•LEONARD®
CORPORATION
7777 W. BLUEMOUND RD. P.O. BOX 13819 MILWAUKEE, WI 53213

Visit Hal Leonard Online at
www.halleonard.com

A DIOS LE PIDO

Words and Music by
JUAN ESTEBAN ARISTIZABAL

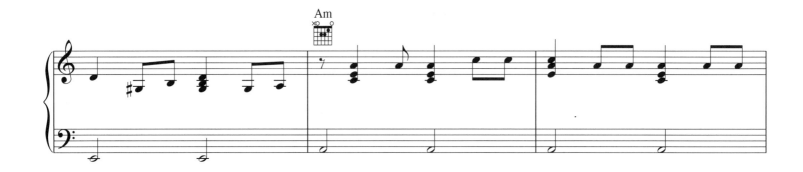

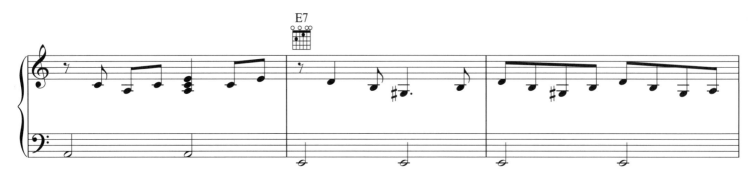

Que ___ mis o - jos se ___ de - spier-

-ten con la luz de tu ___ mi - ra - da yo... ___

(A Dios le pi - do) Que mi ma - dre no se mue - ra y que mi pa - dre me-

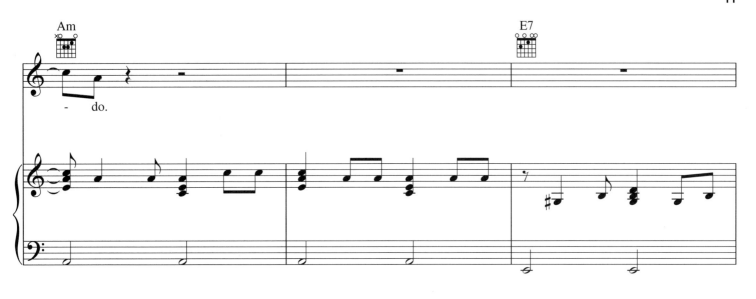

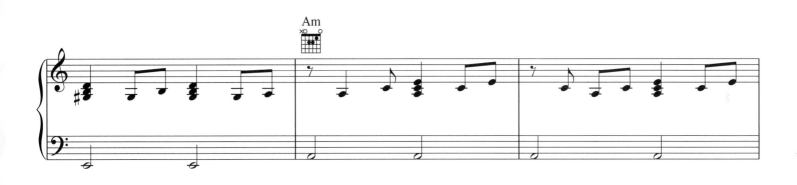

ES POR TÍ

Words and Music by
JUAN ESTEBAN ARISTIZABAL

Moderadamente rápido

Ca - da vez que me le - van - to
Y ca - da vez que yo te bus - co

y ve - o que a mi la - do es - tás, ___ me sien - to re -
y no ___ te pue - do a - ún ha - llar, ___ me sien - to un va -

no - va - do. ___ Y me sien - to a - ni - qui - la - do, ___
ga - bun - do. ___ Per - di - do por el mun - do, ___

que cal - ma mi _____ do - lor. _____

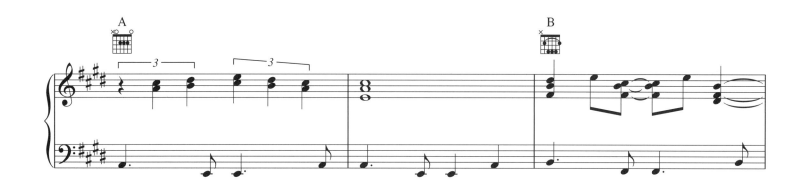

Ca - da vez que me le -

FÍJATE BIEN

Words and Music by
JUAN ESTEBAN ARISTIZABAL

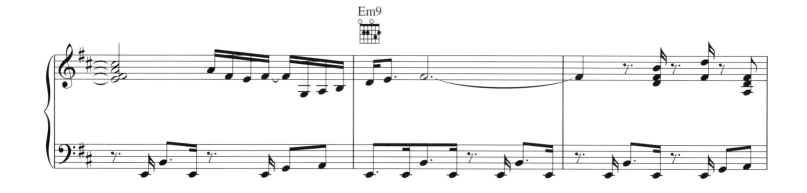

Fí - ja - te bien don - de ___ pi - sas, __

FOTOGRAFÍA

Words and Music by
JUAN ESTEBAN ARISTIZABAL

Moderado

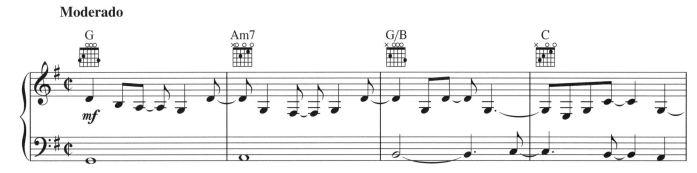

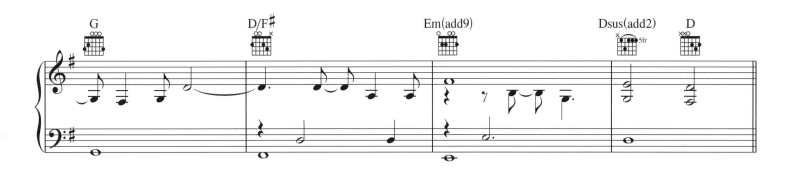

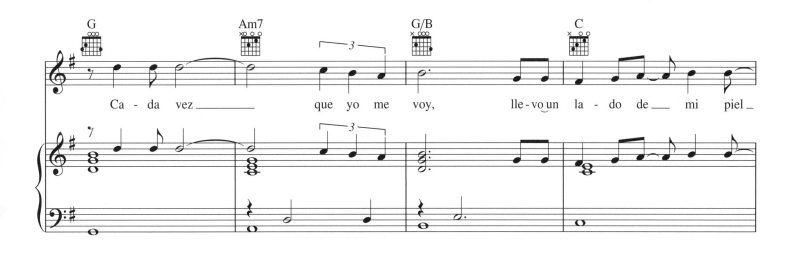

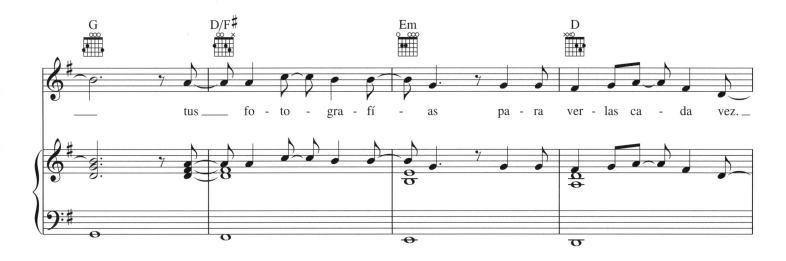

GOTAS DE AGUA DULCE

Words and Music by
JUAN ESTEBAN ARISTIZABAL

Moderadamente rápido

Ha - ce mu - cho tiem - po no me en - a - mo - ra - ba de u - nos o - jos tan bo - ni - tos, co - mu - nes de lo - za - no bri - llo.

LA CAMISA NEGRA

Words and Music by
JUAN ESTEBAN ARISTIZABAL

* Recorded a half step lower.

D.S. al Coda

LA PAGA

Words and Music by
JUAN ESTEBAN ARISTIZABAL

Rápido

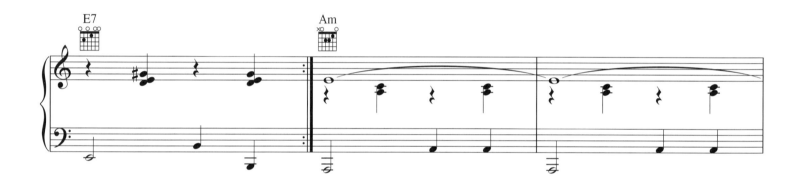

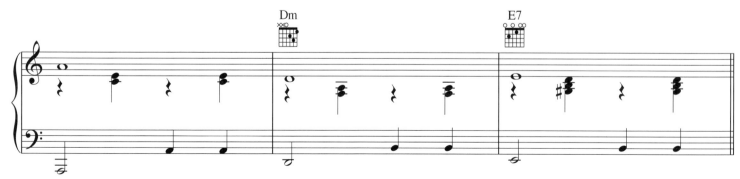

ri - da. Ay - er tú he - ris - te la vi - da mí - a
sien - tes. Que a mí lo ___ que me da ra - bia es e - so

y que gran - de fue la he - ri - da.
de no sa - ber lo que ___

sien - tes. Y si

LO QUE ME GUSTA A MÍ

Words and Music by
JUAN ESTEBAN ARISTIZABAL

Moderadamente rápido

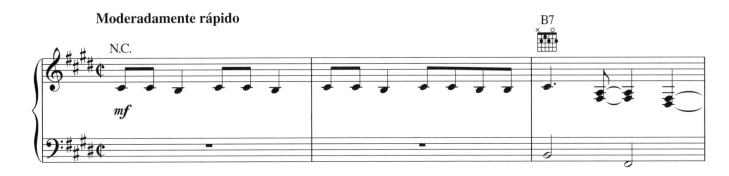

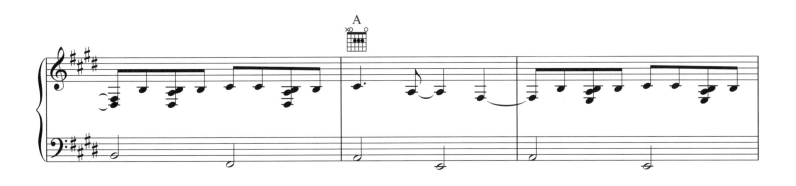

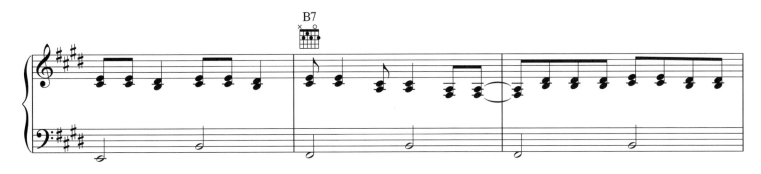

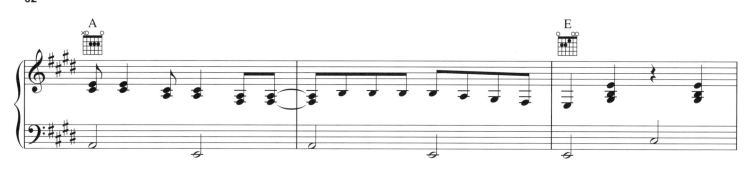

Cuan - do yo es - toy _____ pen - san -

- do en tí, _____ a - mor _____ es lo _____

_____ que más _____ fuer - te sa - le de mí _____

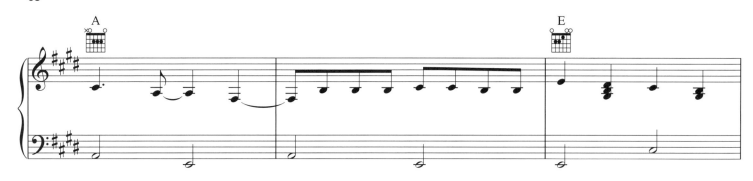

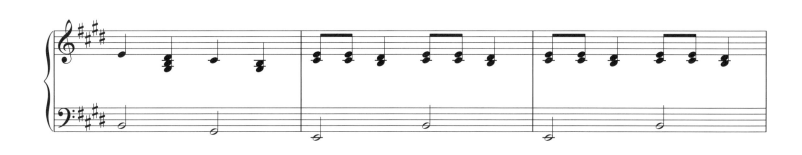

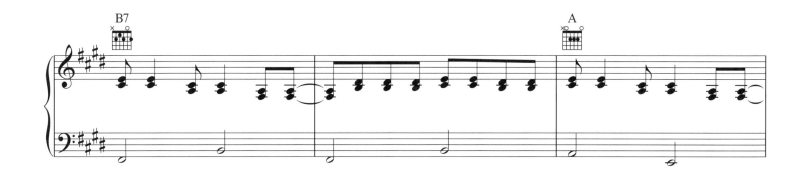

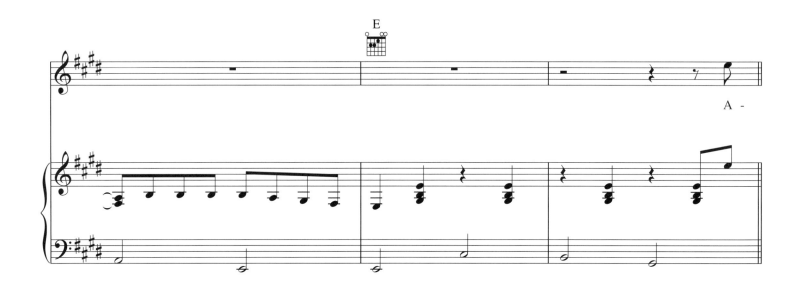

ME ENAMORA

Words and Music by
JUAN ESTEBAN ARISTIZABAL

Rítmicamente

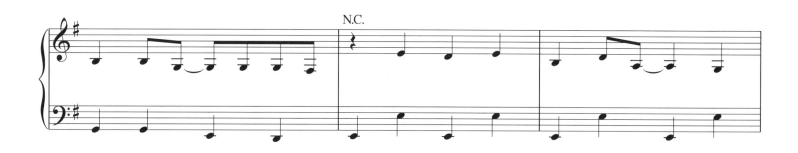

Ca - da blan - co de mi men - te se vuel - ve co -
Yo no sé si te me - rez - co só - lo sé que

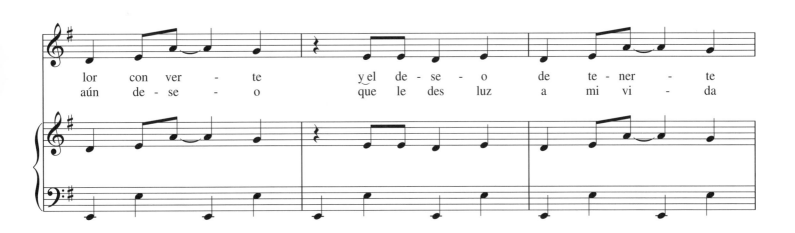

lor con ver - te y el de - se - o de te - ner - te
aún de - se - o que le des luz a mi vi - da

es más fuer - te, es más fuer - te. Só - lo quie - ro
en los dí - as ve - ni - de - ros. Lé - e - me muy

NADA

Words and Music by
JUAN ESTEBAN ARISTIZABAL

Ya no ten - go su - fri - mien - to, ya no ten -
ya no ten - go que ex - pli - car, _____ ya no ten -

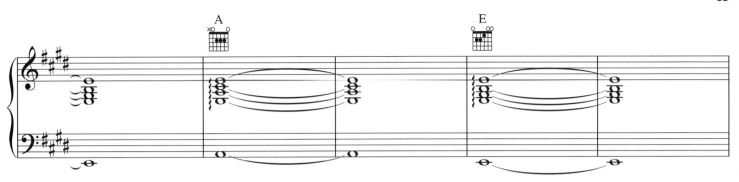

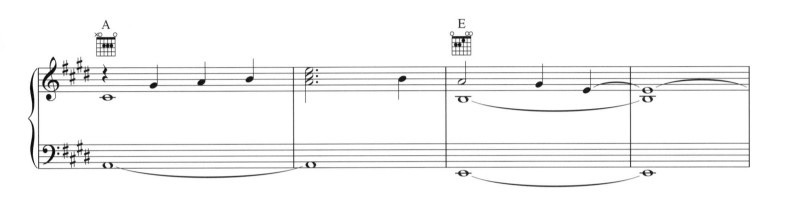

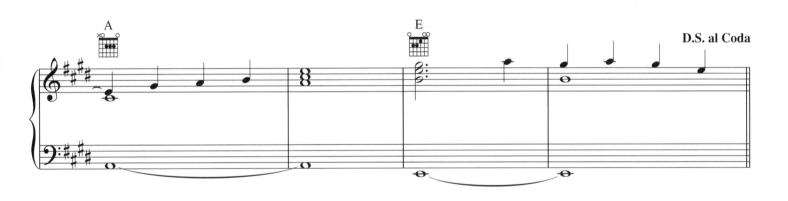

D.S. al Coda

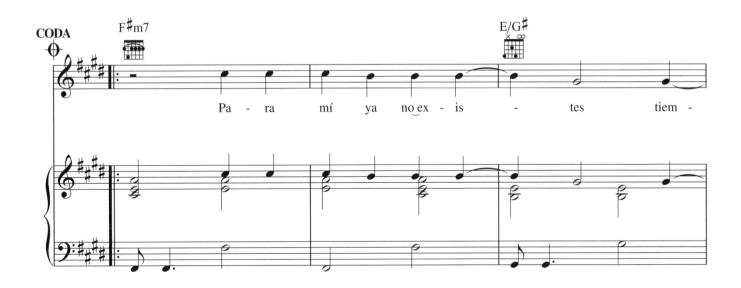

Pa - ra mí ya no ex - is - tes tiem -

NADA VALGO SIN TU AMOR

Words and Music by
JUAN ESTEBAN ARISTIZABAL

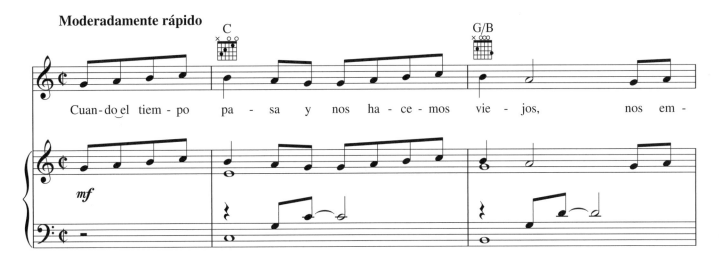

Cuan-do el tiem-po pa-sa y nos ha-ce-mos vie-jos, nos em-

pie-za a pa - re-cer que pe-san más los da - ños que los mis-mos

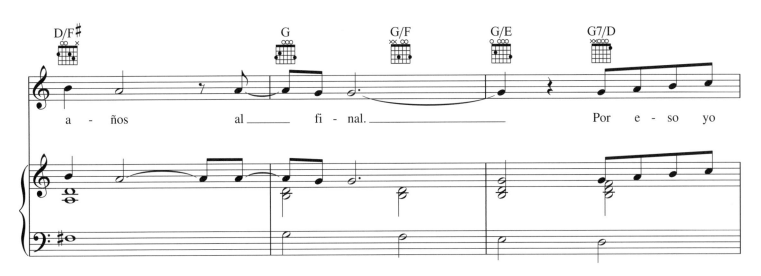

a - ños al fi - nal. Por e - so yo

TE BUSQUÉ

Words and Music by JUAN ESTEBAN ARISTIZABAL,
LESTER MENDEZ and NELLY FURTADO

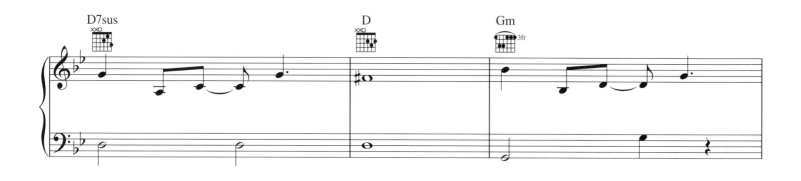

TRES

Words and Music by
JUAN ESTEBAN ARISTIZABAL

Moderadamente rápido

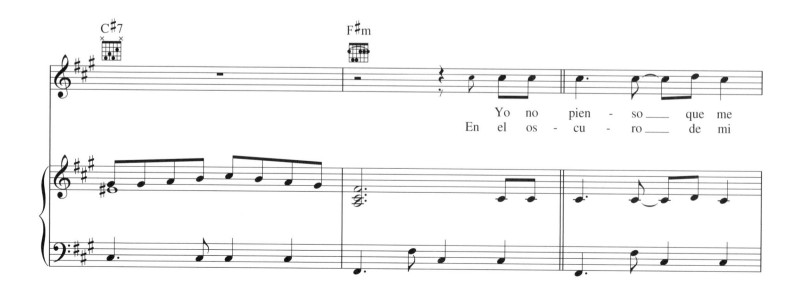

Yo no pien - so___ que me
En el os - cu - ro___ de mi

VOLVERTE A VER

Words and Music by
JUAN ESTEBAN ARISTIZABAL

Moderadamente lento

Da - rí - a lo que fue - ra por vol - ver - te a ver, da - rí - a has - ta
der re - gre - sar, po - der to - das

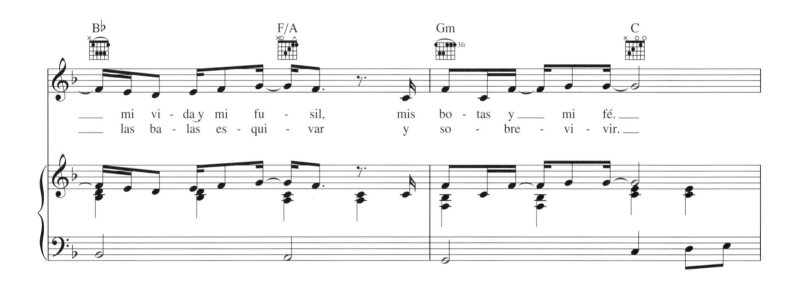

mi vi - da y mi fu - sil, mis bo - tas y mi fé.
las ba - las es - qui - var y so - bre - vi - vir.

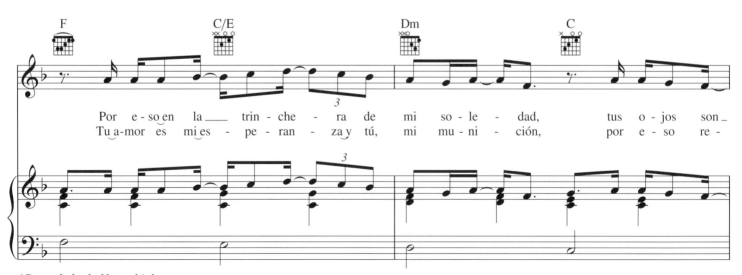

Por e - so en la trin - che - ra de mi so - le - dad, tus o - jos son
Tu a - mor es mi es - pe - ran - za y tú, mi mu - ni - ción, por e - so re -

*Recorded a half step higher.

1st time: Instrumental solo

es to-do lo que quie-ro ha-cer. ___ Vol-ver - te a ver, ___ pa-ra po-der-me re - po-ner. ___

Solo ends

Por - que __ sin tí, ___ mi vi -da yo no soy __ fe-liz. ___

Por - que __ sin tí, ___ mi vi -da no tie -ne __ ra - íz. ___

Vol - ver - te a ver, __ ___ ni u -na ra -zón pa -ra vi - vir.